IN KAART BRENGEN VAN DE WAARDESTROOM

- **Namen:** value stream mapping (VSM), material and information flow mapping.

- **Gebruikt:** dit papieren diagram omvat alle productie- en beheerprocessen, en stelt gebruikers in staat een stap terug te doen uit de huidige workflow en deze te reorganiseren om de efficiëntie te verbeteren. Het wordt gebruikt bij de analyse van procesverbetering, procesengineering en voortdurende verbetering.

- **Waarom is het succesvol?** In sommige sectoren van de industrie en de adviesdiensten stelt dit zeer grondige mapping tool de gebruikers in staat de acties die (door het bedrijf of een individu) worden ondernomen tussen het moment waarop de klant een bestelling plaatst en het moment waarop hij het product of de dienst ontvangt, te visualiseren en te begrijpen.

- **Trefwoorden:**

  - <u>Continue verbetering</u>: de prestaties van een bedrijf verbeteren door regelmatig kleine verbeteringen aan te brengen.

  - <u>Kaizen</u>: een benadering van kwaliteitsbeheer door voortdurende verbetering.

  - <u>Doorlooptijd</u>: de tijd die nodig is om iets te produceren of uit te voeren.

IN KAART BRENGEN VAN DE WAARDESTROOM

Afval verminderen en efficiëntie maximaliseren

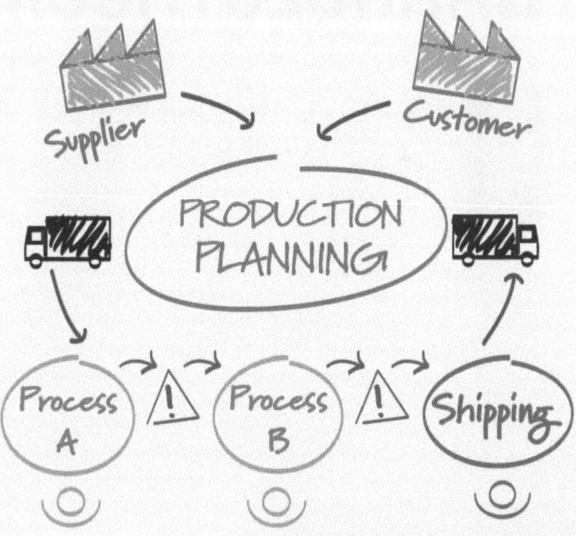

50MINUTES.com

IN KAART BRENGEN VAN DE WAARDESTROOM

Afval verminderen en efficiëntie maximaliseren

geschreven door Johann Dumser
vertaald door Nikki Claes

50MINUTES.com

- Lean management: een vorm van management waarbij alle werknemers betrokken zijn en die tot doel heeft verspilling, bronnen van inefficiëntie, prestatiebelemmeringen en onnodige stadia in het productieproces te elimineren.

- Lean thinking: een bedrijfsmethodologie die een nieuwe manier van denken beoogt. Deze vorm van management zet gebruikers aan tot het analyseren van de organisatie van menselijke activiteiten om de winst te vergroten en individuen in staat te stellen hun eigen verantwoordelijkheid te nemen door verspilling te elimineren.

- Mapping: de weergave van de werking van een organisatie in de vorm van een diagram.

- Productiewaardeketen: de stadia van het productieproces van een product of dienst, in chronologische volgorde.

- Pull- en pushstrategieën: dit betekent de klant een product voorstellen (push) of de klant geven waar hij om vraagt (pull).

Of een bedrijf nu een crisis- of groeiperiode doormaakt, het moet altijd een nauwkeurig beeld hebben van de productstroom en de bijbehorende communicatiekanalen. Deze reflectie moet het hele productieproces van elk product omvatten om de efficiëntie te optimaliseren.

Aangezien alle bedrijven, van starters tot KMO's en multinationals, streven naar winstmaximalisatie, kiezen steeds meer managers voor de slanke aanpak, waarbij verspilling in productieprocessen systematisch wordt geëlimineerd.

We kunnen allemaal nadenken over de manier waarop acties worden uitgevoerd op ons niveau van de onderneming. Hoewel het belangrijk en zelfs essentieel is om onszelf regelmatig in vraag te stellen, moeten wij ons ervan bewust zijn dat het vaak niet datgene is wat wij niet weten dat de meeste problemen veroorzaakt, maar eerder datgene wat wij ten onrechte voor waar houden.

Volgens deze logica zijn in sommige grote internationale ondernemingen afdelingen opgericht die bekend staan als Project Management Offices. Hun doel is het taalgebruik in de verschillende afdelingen te standaardiseren en projecten te coördineren om voortdurende verbetering aan te moedigen. Uit deze gecombineerde, constructieve synergieën ontstaat één enkele methodologie: elke medewerker wordt gevraagd een duidelijke taal te gebruiken die door iedereen wordt gedeeld in alle gelanceerde initiatieven, met als doel de waarde voor de eindklant aanzienlijk te verhogen.

Om concurrerend te blijven (d.w.z. om een hogere kwaliteit, lagere productiekosten of een snellere productiecyclus te verkrijgen) zal een organisatie kiezen tussen verschillende beschikbare technieken. Een daarvan is value stream mapping, een van de meest succesvolle lean manufacturing tools omdat het een eenvoudig diagram gebruikt om bewust verbeterpunten en kansen aan te geven.

DEFINITIE VAN VALUE STREAM MAPPING

Bij value stream mapping worden operaties, informatiestromen en gegevensprocessen weergegeven in de vorm van een diagram.

Het biedt een realistisch overzicht van de activiteiten in de praktijk en niet zoals die in de bedrijfsprocedures zijn vastgelegd. VSM wordt altijd uitgevoerd als onderdeel van de procesanalyse van een bedrijf. De procesanalyse kan worden opgelegd door het hoger management, een operations manager of een kwaliteitsmanager om de efficiëntie te verhogen, of worden aangeboden door dienstverleners (zoals een verbeteringsconsultant) om eerder niet geïdentificeerde mogelijkheden aan het licht te brengen.

In een ideale wereld zouden alle proceswijzigingen gepaard gaan met een controle, of zelfs een herziening indien nodig, om na te gaan of een wijziging van de workflow noodzakelijk is.

 ## AFVAL VOLGENS TAIICHI OHNO

De Japanse ingenieur en zakenman Taiichi Ohno (1912-1990), die beschouwd wordt als de grondlegger van het Toyota Productiesysteem, identificeerde zeven bronnen van verspilling (*muda* in het Japans) in zijn boek *Toyota Productiesysteem: Beyond Large-Scale Production* (1988). Deze zijn sindsdien uitgebreid tot acht afvalbronnen:

overproductie, dus productie die eerder, sneller of in grotere hoeveelheden wordt uitgevoerd dan de klant heeft gevraagd;

voorraden, waaronder reserves van primaire materialen, pijplijnproducten en eindproducten;

wachten, dat verwijst naar de wachttijd voor mensen of onderdelen in de loop van de productiecyclus;

beweging, dus de nutteloze bewegingen van mensen of materiaal tijdens het fabricageproces (beweging van operatoren);

vervoer, dat is het nutteloze vervoer van mensen of materiaal tussen productieprocessen (verplaatsing van voorwerpen);

het maken van gebrekkige producten, waaronder defecte artikelen, gebreken, herhalingen en correcties in het proces;

extra verwerking, dus verwerking boven het door de klant vereiste niveau;

niet-benut talent, dat overeenkomt met vaardigheden die slecht of helemaal niet worden gebruikt, voornamelijk door een gebrek aan opleiding of flexibiliteit van het personeel.

THEORIE

VSM EN WAARDECREATIE

Om het concept van VSM te begrijpen, kunnen we beginnen met de drie componenten ervan te schetsen: waarde, stroom en mapping.

Waarde

De waardeketen werd in 1985 geïntroduceerd door de Amerikaanse hoogleraar bedrijfsstrategie Michael Porter (geboren in 1947), en heeft tot doel een concurrentievoordeel te creëren. Hij is gebaseerd op de analyse van de interne processen en procedures van een onderneming. Zo moet elke actie in de keten resulteren in de perceptie dat er waarde is gecreëerd (tevredenheid) voor de eindklant, wat zich uit in een hogere omzet voor de onderneming. Als de term "waarde" verwijst naar een schatting van het bedrag dat klanten bereid zijn te betalen om een product te verkrijgen of een dienst te gebruiken, kunnen de acties bij het in kaart brengen van de waardestroom worden omschreven als "waarde toevoegend" of "niet-waarde toevoegend".

- **Waardetoevoegende** stappen omvatten alle activiteiten die de (markt- of functionele) waarde van het product in de ogen van de klant verhogen; met andere woorden, de activiteiten waarvoor de klant bereid is te betalen.

- **Niet-waardetoevoegende** stappen zijn de activiteiten die geen waarde toevoegen aan het product, waardoor ze bronnen van verspilling zijn. Hoewel alle managers ernaar streven deze stappen te elimineren, kunnen sommige ervan niet worden vermeden (zonder grote investeringen).

Het doel van VSM is processen te identificeren waar weinig tijd wordt besteed aan waardecreatie in verhouding tot de totale hoeveelheid tijd die voor het werk is uitgetrokken (doorlooptijd). Er moet worden bepaald welke verbeteringen op het proces als geheel moeten worden toegepast om het aandeel van de waardecreatie te verhogen.

Stream

VSM vat alle acties in de toeleveringsketen van een product of dienst samen, die het van de begintoestand (A) naar de waardepropositie (B) brengen. Het bestaat uit een reeks processen die zijn uiteengezet op basis van een tijdlijn die overeenstemt met de doorlooptijd, d.w.z. de tijd tussen de initiatie en de uitvoering van het proces (A-B).

In VSM kunnen drie categorieën van processen worden beoordeeld:

- **leidende processen** (management, strategie, kwaliteitscontrole, milieu, veiligheid, financiën, enzovoort);
- **operationele processen** (productie, ontwerp, ontwikkeling, verzending, enz.);

- **ondersteunende processen** (inkoop, personeelsza-
ken, enz.).

Mapping

Mapping is een duidelijke, eenvoudige manier om de werking van een bedrijf (bij de vervaardiging van een product of de ontwikkeling van een dienst) visueel weer te geven. Dit instrument beoogt te werken op een geheel in plaats van op een geïsoleerd onderdeel. Dit betekent dat de analyse zich niet richt op het niveau van een machine binnen een productielijn, maar op het niveau van de productielijn als geheel.

De kaart moet altijd worden geordend met behulp van pictogrammen en moet bepaalde normen volgen om hem voor alle betrokkenen begrijpelijk te maken. Hij is georganiseerd op basis van drie hoofdtypen acties:

- informatiestroom,

- materiaalstroom,

- cijfers.

 **WAAR MOET IK BEGINNEN?**

De methode omvat de volgende stappen:

het volgen van het productieproces van een product, beginnend bij de klant (een behoefte) en doorlopend naar de leverancier;

die elke actie in de materiaal- en informatiestroom visueel weergeeft;

nadenken over belangrijke punten en de toekomstige waardeketen opstellen.

VSM EN DE VOORDELEN ERVAN

Het gebruik van VSM als instrument heeft verschillende voordelen:

- biedt een eenvoudig, transversaal overzicht van het gehele proces;

- bevat alle informatie die nodig is om de twee soorten stromen (informatie en materiaal) visueel te begrijpen;

- identificeert de tekenen en oorzaken van afval;

- coördineert de taal die wordt gebruikt om het proces te bespreken dankzij gestandaardiseerde pictogrammen en regels, wat het teamwerk vergemakkelijkt (analyse, identificatie van verbeteringsgebieden, overbrengen van ideeën, enz.)

Meer in het algemeen ondersteunt value stream mapping het aantonen van waardecreatie en probleemoplossing. Het zorgt voor een efficiënte, consistente en transversale dialoog tussen de verschillende afdelingen van een bedrijf en stimuleert de ontwikkeling van een cultuur van perfectie.

PRAKTISCHE TOEPASSING

BESTE PRAKTIJKEN – STAPPEN

VSM maakt deel uit van een DMAIC-aanpak (Define, Measure, Analyse, Improve, Control), omdat het opstellen van een kaart geen doel op zich is: het is slechts de eerste fase in een klassiek verbeteringsonderzoek van een waardeketen.

Stap 1: Definitie van de productfamilie

Alvorens value stream mapping uit te voeren, moet u een familie van producten kiezen om te analyseren. Aangezien de kans van slagen van uw aanpak afhangt van deze keuze, moet u er veel aandacht aan besteden.

Om een werkgebied stil te leggen, moet u op de hoogte zijn van mogelijke huidige problemen en hun gevolgen. U kunt bijvoorbeeld een Paretodiagram gebruiken (een diagram dat het belang van de verschillende oorzaken van een verschijnsel weergeeft; het doel is hier een werkgebied te schetsen om VSM uit te voeren) of de managers van verschillende afdelingen vragen (zoals het hoofd van de productie of de directeur). De belangrijkste vragen die u zich moet stellen zijn:

- Hoeveel omzet vertegenwoordigt deze productfamilie?

- Wat zijn de door deze producten veroorzaakte verliezen?

- Wat zijn de kansen op succes van value stream mapping? (Kies geen te moeilijk of te eenvoudig gebied;
  pak niet de analyse van de gehele productie in uw
  bedrijf aan of, omgekeerd, de analyse van één enkele,
  te eenvoudige afdeling).

- Wat is de productiestrategie?

N.B.

Wees niet verbaasd als u wordt gevraagd de processen te bestuderen van een productfamilie die weinig
inkomsten genereert. Dit kan een slimme zet blijken
als het verantwoordelijk is voor zware verliezen.

Stap 2: Creëren van de huidige toestand VSM

Om een nieuwe, verbeterde versie van de kaart van de
waardeketen van een productfamilie te maken, moet u
eerst een precies beeld krijgen van de huidige situatie
en die in kaart brengen. Hoe werken de dingen nu? Wie
doet wat? Hoeveel tijd kost het? Hoe communiceren de
verschillende diensten met elkaar? Wat zijn de verant-
woordelijkheden en specifieke kenmerken van elke
positie in de keten? De verschillende stappen bij het
opstellen van de kaart worden hieronder in detail
besproken. Het gaat erom de materiaal- en informatiestromen te inventariseren, inzicht te krijgen in de
huidige werking van de werkplaats of afdeling, de

doorlooptijd te berekenen en inzicht te krijgen in de bronnen en oorzaken van verspilling.

- **Fase nul: voorbereiding**
  - Begin met het observeren van de activiteiten van de fabriek of dienst.
  - Verzamel nauwkeurige, actuele informatie voor de persoon die deze VSM wil hebben. Doe zo nodig metingen op de grond met behulp van een timer door je een weg te banen rond het circuit van grondstoffen en informatie.
  - Begin uw route bij de klant en werk terug door het productieproces. Maak een lijst van de processen die het nauwst verbonden zijn met de eindklant om na te gaan wat voor hem absoluut nuttig is.
  - Schets een schets met de hand op één zijde van A3- of A4-papier.
- **Eerste fase: de klant**
  - Schrijf "klant" in de rechterbovenhoek.
- **Tweede fase: het fabricageproces**
  - Gebruik het "proces" pictogram (het materiaal dat bewerkingen ondergaat) en:
    - de posities die tot één proces behoren onder hetzelfde pictogram groeperen;
    - neem de belangrijke informatie over het proces op in het onderstaande vak (zoals de cyclustijd, de tijd die nodig is om waarde toe te voegen, de periode, de tijd die nodig is om de productie te

veranderen, het aantal stuks per uur, de beschikbare werktijd, enz.)

- o Gebruik het "voorraad" icoontje.

- **Derde fase: de leverancier**

  - o Schrijf "leverancier" in de linkerbovenhoek.

  - o Vermeld de frequentie en de wijze van levering (als informatie naast de leverancier):

    - ‣ een grote pijl geeft een primaire levering tussen twee fabrieken aan;

    - ‣ een vrachtwagen (of een boot, een vliegtuig, enz.) geeft de wijze van levering aan.

- **Vierde fase: informatie**

  - o Teken een rechte lijn voor fysieke informatiestromen (bijvoorbeeld per post) of een zigzaglijn voor elektronische informatiestromen.

  - o Geef de frequentie (van verzenden of zenden) aan in een vakje aan de zijkant.

  - o Specificeer de modus (internet, papier, enzovoort):

    - ‣ de push-modus, die gebaseerd is op de voor-spelling van de behoeften voor het proces stroomafwaarts, leidt vaak tot tussenvoorraden tussen de processen;

    - ‣ de pull-mode, die staat voor een productievraag van het downstream-proces naar het upstream-proces, vermindert het aantal artike-len in de productie.

- **Vijfde fase: het tijdschema**

    ◦ Trek de lijn onder de productieprocesvakjes en de voorraadpictogrammen om de doorlooptijd te berekenen, dus alle tijd die nodig is voor elke fase (overeenkomend met de verwerkingstijd) en de opslagtijd.

- **Zesde fase: in kaart brengen van de waardeketen voltooid**

    ◦ Zodra de kaart van de huidige situatie compleet is, begint u met het analyseren en observeren van verspillingen en het schetsen van mogelijke verbeteringen om de VSM te creëren van de toekomstige toestand die u nastreeft.

Stap 3: Analyse

Na deze fase is het zaak de materiaal- en informatiestromen in detail te analyseren en te observeren om te bepalen wat efficiënt werkt en wat minder goed werkt. Deze fase is bijzonder cruciaal, omdat ze u in staat stelt verspilling en verbeterpunten op te sporen. Zorg ervoor dat u de juiste mensen erbij betrekt: of het nu gaat om diensthoofden, deelnemers aan het proces of projectmanagers die de overgang zullen begeleiden, zij moeten openstaan voor verbeteringen en veranderingen.

Deze oefening moet goed worden voorbereid en gepresenteerd om de mensen wier werk in het VSM voorkomt niet op te jagen. Het doel is hun te laten zien dat het mogelijk is hun werk rendabeler te maken en meer waarde te creëren voor de klant, of die nu intern of extern is. Als algemene regel geldt dat alleen al het in aanmerking nemen van de belangrijkste verbeteringsfactoren hieronder van invloed zal zijn op het eindresultaat:

* just-in-time productie;

* algemene toepassing van een continue stroom waar mogelijk, met het oog op vermindering of zelfs afschaffing van voorraden, of invoeging van supermarkten (door Kanban beheerde tussenvoorraden);

* groeperen van alle informatie over de klantorder in een enkel proces (bekend als het "pacemakerproces") dat de andere processen stuurt.

Stap 4: Creëren van de ideale VSM.

Gewapend met uw waarnemingen en de maatregelen die u hebt gepland, kunt u in deze stap een kaart opstellen met de eerder vastgestelde verbeteringsmogelijkheden. Het uiteindelijke doel van de ideale toestand VSM is de tijd die geen waarde toevoegt te verminderen, zodat de totale tijd zo dicht mogelijk bij de tijd komt die waarde toevoegt. In het algemeen duurt het ongeveer drie tot vijf werkdagen om de current state en de ideal state VSM op te stellen.

Stap 5: Definitie van het actieplan

Voor elke verandering zal het team dat verantwoordelijk is voor het project een actieplan opstellen. Het zal belangrijk zijn de bijbehorende voordelen en oplossingen (kosten/middelen) te kwantificeren om het hogere management te overtuigen van de voorgenomen acties en ervoor te zorgen dat deze worden goedgekeurd. De uitvoering van een actieplan kan verscheidene maanden of zelfs verscheidene jaren in beslag nemen.

Stap 6: Uitvoering

Zodra het budget is goedgekeurd, het risicobeheer is uitgevoerd en de organisatie is stopgezet, is het tijd om het plan in werking te stellen. Dit omvat ontwikkeling, acceptatie, opleiding van werknemers en veranderingsmanagement.

AANBEVELINGEN

Er zijn twee belangrijke gebieden waaraan bijzondere aandacht moet worden besteed: de organisatie van het team en de methodologie.

Als de VSM niet goed wordt begrepen, leidt dit tot tijdverlies.

PRAKTIJKVOORBEELD

We gaan ons richten op de huidige VSM van het fictieve bedrijf Forest LPC, dat meubels maakt. De productfamilie die we voor deze oefening bestuderen is krukken.

Eerste fase: de klant

• De klant staat in de rechterbovenhoek.

Tweede fase: Het fabricageproces

- Deze fase omvat vier processen: verven, assemblage, verpakking en verzending.

- Naast elk proces staan de werkstations en belangrijke informatie (cyclustijd, omsteltijd of aanpassingen aan een machine om een ander product te produceren, ploegen, enzovoort).

- Ook de tussenvoorraden in elk stadium worden ingevuld.

Derde fase: De leverancier

- De leverancier wordt linksboven aangegeven.

- De wekelijkse levering gebeurt per vrachtwagen.

Vierde fase: Informatie

- Wekelijkse vraagprognoses worden door de klant via e-mail naar het bedrijf gestuurd.

- Bestellingen worden per fax doorgegeven aan de leverancier.

- Elke interne functie binnen het bedrijf krijgt een weekrooster.

- Informatie- en fysieke (of materiële) stromen worden dan duidelijk weergegeven.

Vijfde fase: De tijdlijn

- Een tijdlijn is toegevoegd onder de productieprocesvakken en voorraadpictogrammen.

- Het proces heeft een doorlooptijd van 19 dagen en een verwerkingstijd van 365 seconden.

Zesde fase: VSM voltooid

Het in kaart brengen van de huidige situatie is dus voltooid. Het is nu tijd om deze te analyseren, de verspillingen op te sporen en mogelijke verbeteringen vast te stellen. Wij kunnen de volgende bronnen van verbetering opsommen door ze in het diagram op te nemen, zodat wij de kaart van de beoogde situatie kunnen opstellen:

- de planning baseren op wekelijkse klantenorders in plaats van prognoses;

- het creëren van een pull-systeem voor productieplanning;

- het creëren van een supermarkt vlak voor het begin van het schilderen;

- het elimineren van afwijzingen van het schilderen;

- het combineren van het verpakkings- en verzendingsproces.

IMPACT

BEPERKINGEN EN KRITIEK

Naast de vele voordelen heeft value stream mapping ook enkele beperkingen.

- **Mogelijke fouten bij het opstellen van de kaart.**
  - Er kunnen fouten insluipen door een onjuiste verzameling, transcriptie of analyse van de gegevens. Om dit te voorkomen moet gebruik worden gemaakt van deskundigen die objectief naar de situatie kunnen kijken en van multidisciplinaire teams.
  - Let altijd goed op wat u analyseert, want sommige processen hoeven niet te worden herzien.
- **Het is slechts een hulpmiddel.** Value stream mapping is geen doel op zich; het brengt problemen in het bedrijf aan het licht, helpt gebruikers na te denken en moet vooral leiden tot actie.

Het heeft geen zin te analyseren als u geen actieplan opstelt! Zorg ervoor dat u niet verzandt in de analysefase. Bovendien, als verschillende groepen aan lean projecten werken, moet u ervoor zorgen dat ze goed gecoördineerd worden om het beste uit alle projecten te halen.

- **Verwaarlozing van de menselijke en sociale aspecten.** VSM is een technisch instrument dat alleen betrekking heeft op de fysieke aspecten, interacties en het sturen van stromen. De sociale, menselijke en organisatorische dimensies, die nochtans zeer belangrijk zijn in een lean project, blijven buiten beschouwing. Deze tendens is nog sterker in de industriële sector, waar managers zeer gericht zijn op de technische kant van de zaak, maar minder geneigd zijn om na te denken over de menselijke aspecten.

- **Beperkt gebruik van gestandaardiseerde symbolen.** De bestaande symbolen kunnen het zoeken naar innovatieve oplossingen belemmeren. Innovatie wordt echter steeds noodzakelijker voor bedrijven die concurrerend willen blijven.

VERWANTE MODELLEN EN UITBREIDINGEN

DMAIC

Het DMAIC-model (Define, Measure, Analyse, Improve, Control) is een gestructureerde aanpak om problemen op te lossen. Het biedt het team voor continue verbetering een basis van vijf stappen om vanuit te werken. In deze krachtige lean projectmanagementmethode is de define-fase de sleutel.

- Definiëren: identificatie van het studieobject en beschrijving van het doel van de door het team uit te voeren werkzaamheden.

- Maatregel: verzamelen van informatie om de kaart van de processen te voltooien en de prestatie-indicatoren vast te stellen om het project doeltreffend te volgen.

- Analyseren: vaststelling van de oorzaken van problemen en analyse van de bronnen ervan.

- Verbeteren: voorstellen van oplossingen, planning van acties, uitvoering van de gekozen maatregelen.

- Controle: vergelijking van de verwachte effecten en de na de uitvoering van de oplossingen verkregen resultaten, communicatie over het project, evaluatie om conclusies te trekken.

Lean manufacturing

Deze bekende methode om verspilling te elimineren vereist enige collectieve intelligentie voor overtuigende resultaten: de teams die aan dit lean-project werken moeten gemotiveerd, gecoördineerd en vastbesloten zijn om oplossingen te vinden. De vijf sleutelelementen zijn:

- de definitie van toegevoegde waarde vanuit het oogpunt van de klant;

- de identificatie van de waardeketen met betrekking tot de verschillende productiefasen;

- bijzondere aandacht voor de stromen, zodat de stadia die waarde toevoegen niet worden onderbroken;

- pull flows, waarbij prioriteit wordt gegeven aan klantorders in plaats van aan prognoses;

- perfectie door ambitieuze doelen te stellen en een dynamiek van voortdurende verbetering in te voeren.

Kaizen

Kaizen is Japans voor "voortdurende verbetering", en is gebaseerd op kleine verbeteringen die dagelijks worden ingevoerd, waarbij alle bij het proces betrokken mensen deelnemen en de nodige inspanningen leveren.

Kaizen leidt niet onmiddellijk tot spectaculaire resultaten omdat het langzaam wordt ingevoerd, maar het blijkt op lange termijn vaak veel effectiever. Het kan worden vergeleken met innovatie, dat grote investeringen vereist en plotselinge veranderingen inhoudt.

SIPOC

Bij dit modelleerinstrument wordt een algemene tabel opgesteld van de macrowerking van een bepaald proces. Met het SIPOC-diagram (Suppliers, Inputs, Process, Outputs, Customers) kan de gebruiker de grenzen van het macroproces bepalen, de inputs en outputs samenvatten en de leveranciers en klanten identificeren. Maar let op: het geeft alleen materiaalstromen weer.

SAMENVATTING

- VSM is het belangrijkste instrument van lean manufacturing. Het heeft tot doel bronnen van verspilling in de waardeketen voor een bepaalde productfamilie op te sporen.

- Tegenwoordig wordt VSM in alle sectoren van de industrie gebruikt omdat het beantwoordt aan de universele en groeiende behoefte om de productiekosten te verlagen.

- Het is een goed idee om een lean transformatie te beginnen met value stream mapping. U moet niet alleen de verschillende stadia kennen, maar ook de best practices om een duidelijk overzicht te krijgen van de procedures waaruit een bedrijf bestaat.

- Current state en ideal state VSM maken deel uit van een continue verbeteringsmethode. Deze methode wordt niet alleen gebruikt om de huidige situatie te beschrijven, maar ook om zich een efficiëntere, responsievere, goedkopere en beter gecoördineerde toekomstige situatie voor te stellen en vast te stellen. Het diagram van informatie- en materiaalstromen stelt gebruikers in staat twee zaken tegelijk aan te pakken: afvalvermindering en verbetering van de arbeidsomstandigheden.

- De context van de organisatie rond het project is essentieel voor het succes ervan. Multidisciplinaire teams, met mensen die zo dicht mogelijk bij de basis staan, en de sterke betrokkenheid van het hoger management zijn sleutelfactoren in deze benadering van verandering.

- Ten slotte is het ook belangrijk zich bewust te zijn van de beperkingen van deze methode. Met name richt VSM zich niet op de analyse van sociale, psychologische en organisatorische aspecten.

- VSM is een van de meest gebruikte methoden dankzij het gebruiksgemak en de doeltreffendheid waarmee gebruikers tot nadenken worden aangezet.

VERDER LEZEN

BIBLIOGRAFIE

Davis, J. (2006) *Lean Manufacturing*. New York: Industrial Press.

Fouque, F. (2009) À *la découverte du Lean Six Sigma*. Mions: Édition Fouque.

Hohmann, C. (2009) *Productiviteitstechnieken. Comment gagner des points de performance pour les managers et les encadrants*. Parijs: Éditions Eyrolles.

Hohmann, C. (Geen datum) Lean Enterprise. *Christian. Hohmann.fr*. [Online]. [Accessed 26 July 2017]. Beschikbaar via: < http://christian.hohmann.free.fr/index.php/lean-entreprise>

Lean Enterprise Institute. (Geen datum) Wat is Lean? *Lean. org*. [Online]. [Toegang 26 juli 2017]. Beschikbaar via: < https://www.lean.org/whatslean/>

Ohno, T. (1988) *Toyota Productie Systeem: Voorbij de grootschalige productie*. New York: Productivity Press.

Porter, M. E. (1985) *Concurrentievoordeel: Het creëren en handhaven van superieure prestaties*. New York: Free Press.

Rother, M. en Shook, J. (1999) *Leren zien*. New York: Productivity Press.

Subramaniam, A. (2010) VSM – Actueel & Toekomst: Hoe de totale stroom te maximaliseren? *SlideShare*. [Online]. [Accessed 26 July 2017]. Beschikbaar via: < https://fr.slideshare.net/anandsubramaniam/vsm-current-future>

Womack, J. P. en Jones, J. T. (1996) *Lean Thinking*. New York: Free Press.

AANVULLENDE BRONNEN

Conceptdraw website: http://conceptdraw.com/samples/quality-VSM

Marris Consulting website: http://www.marris-consulting.com/

Strategos website: http://www.strategosinc.com/

VIDEO

De Karen Martin Groep. (2014) *Value Stream Mapping: Case Studies.* [Online]. [Accessed 26 July 2017]. Beschikbaar via: < https://www.youtube.com/watch?v=ZPNq5k24vgY&feature=youtu.be>

We horen graag van u! Laat
een reactie achter op jouw online bibliotheek
en deel je favoriete boeken op social media!

IMPROVE YOUR
GENERAL KNOWLEDGE
IN THE BLINK OF AN EYE!

www.50minutes.com

De uitgever garandeert de betrouwbaarheid van de gepubliceerde informatie, die echter niet onder zijn verantwoordelijkheid valt.

Master ISBN: 9782808063821
Papier ISBN: 9782808064118
Wettelijk depot: D/2022/12603/56

Digitaal ontwerp: Primento,
de digitale partner van uitgevers.